Vente le Vendredi 3 Mai 1867.

[Bouillette]

COLLECTION

DE

TRÈS-BEAUX OBJETS

DE LA CHINE ET DU JAPON

Me CHARLES PILLET
COMMISSAIRE-PRISEUR

M. FEBVRE,
EXPERT

1867

CATALOGUE

D'UNE COLLECTION DE

TRÈS-BEAUX OBJETS

DE LA CHINE & DU JAPON

Émaux cloisonnés;
Bronzes damasquinés; — Jades; — Cristaux de roche;
Porcelaines; — Laques et Objets divers

DONT LA VENTE AUX ENCHÈRES PUBLIQUES

AURA LIEU

HOTEL DES VENTES, RUE DROUOT

Salle No 5

Le Vendredi 3 Mai 1867

A DEUX HEURES.

Par le ministère de Me **Charles PILLET**, Commissaire-Priseur,
rue de Choiseul, 11,

Assisté de M. **FEBVRE**, Expert, rue Laffite, 12.

Chez lesquels se trouve la Notice.

EXPOSITION PUBLIQUE

Le Jeudi 2 Mai 1867, de une heure à cinq heures.

CONDITIONS DE LA VENTE

Elle sera faite au comptant.

Les adjudicataires payeront *cinq pour cent* en sus des enchères.

L'exposition mettant le public à même de se rendre compte de l'état des objets, il ne sera admis aucune réclamation une fois l'adjudication prononcée.

Paris. — Imprimerie de PILLET fils aîné, rue des Grands-Augustins, 5.

DÉSIGNATION DES OBJETS

Émaux cloisonnés

1 — Deux très-beaux vases de forme cylindrique; les panses sont ornées de fleurs rouges sur fond turquoise, et aussi de six médaillons de bouquets et d'oiseaux sur émail blanc, autour des cols et des bases sont des frises variées.

2 — Très-belle table, la plus grande connue, riche décor de fleurs, de fruits et de papillons en émaux de couleurs sur fond turquoise, bord avec frise de grecques ; elle est montée sur un pied en bois de fer sculpté à galeries.

Long., 2 mètres.

3 — Grand ting à anses à jour élevées, reposant sur quatre pieds contournés en bronze doré; sur chaque face sont en

émaux de couleurs sur fond turquoise quatre médaillons emblématiques; couvercle dômé en bois de fer sculpté avec galeries à jour.

4 — Grand cornet de forme losange, les coins à arêtes saillantes en bronze, magnifique décor du plus précieux travail, offrant des entrelacs de grecques en émaux de couleurs variées, sur fond vert d'eau tendre.

5 — Brazero de forme ronde orné d'arêtes saillantes et de deux phénix formant les anses; le tout en bronze doré; le bas, le tour et le col sont ornés en émaux de couleurs, d'yeux de pélicans et de rinceaux sur fond turquoise; socle hexagone également en émail cloisonné.

6 — Bouteille à panse aplatie, sur laquelle se détachent en émaux brillants de tons variés de grandes pêches entourées de leurs feuilles et branchages ; fond turquoise, anses attenantes à jour.

7 — Jardinière de forme ronde, anses à jour, à dragons, pieds à têtes de tigres en bronze doré. Cette pièce est ornée de marguerites en émaux de couleurs sur fond turquoise.

8 — Petit brûle-parfums à couvercle, ayant la forme de deux losanges enclavés; le couvercle contourné par des rubans en bronze doré, décor de pivoines sur fond bleu.

9 — Jardinière ronde à col élevé, anses et pieds en bronze doré à têtes d'éléphants, décor de chrysanthèmes de tons variés sur fond turquoise.

10 — Jolie petite bouteille à panse aplatie, ornée de fleurs et de rosaces en émaux de couleurs sur fond blanc; anses à jour en bronze.

11 — Petit ting reposant sur trois pieds en bronze à têtes d'éléphants, anses à anneaux mobiles et à têtes de lions également en bronze; le couvercle, à galerie à jour, est orné, ainsi que la panse, d'entrelacs, de fleurs et de rosaces en émaux de couleurs sur fond turquoise.

12 — Deux petits éléphants debout sur des socles, partie en bronze doré, partie en émail cloisonné : ils portent des caparaçons surmontés de petits vases.

13 — Boîte à couvercle formant deux losanges enclavés; le couvercle orné d'une frise de grecques émaillées et d'une

partie en bronze cerclé, le tout orné de fleurs de pâquerettes sur fond turquoise.

14 — Bol en émail du Fo-Kien, le tour orné de cinq frises de tons variés, la plus grande fond blanc avec bouquets de fleurs.

15 — Petite boîte ronde à couvercle, décor de pâquerettes sur fond bleu.

Bronzes

16 — Deux grands et magnifiques vases de forme balustre, ornés, en haut relief et ronde bosse, de figures, d'animaux chimériques, de coquilles et de divers accessoires ; anses formées par des têtes de dragons.

Haut., 1 m. 80 cent.

17 — Très-magnifique vase, ancienne fabrication; la panse et le col ornés de trois frises en relief alternées par des parties unies entièrement incrustées d'argent; anses à anneaux mobiles.

18 — Deux beaux vases à cols plats et élargis; des dragons en ronde bosse entourent les panses ; ces animaux ainsi que toutes les parties des vases sont entièrement damasquinés d'argent; décors de losanges et de fleurs.

19 — Très-riche vase posé sur un rocher, où sont perchés des oiseaux guettant de petits animaux — sur le bord d'un ruisseau formant la base, autour de la panse, sont en ronde bosse des oiseaux de proie et un dragon ; couvercle repercé à jour surmonté par un dragon. Très-belle pièce, fonte à cire perdue.

20 — Deux grandes bouteilles en bronze, forme dite gargoulette. Ces pièces sont ornées de lions et de phénix, le tout damasquiné d'argent.

21 — Grand cornet à quatre faces et arêtes saillantes décorées de grecques; sur chaque face sont des palmettes et des ornements en relief et dorés.

22 — Théière avec coins à arêtes saillantes. Décor en relief de divers ornements et d'emblèmes, le tout damasquiné d'or ; anse et goulot à têtes chimériques.

23 — Jardinière à quatre ouvertures ayant la forme de trois vases accolés retenus par des cordages en relief; le bas est soutenu par trois guerriers formant support. Pièce d'une création bizarre.

24 — Deux brûle-parfums représentés par deux canards mâle et femelle, debout sur des terrasses également en bronze.

25 — Jardinière ayant la forme d'un tronc de bambou coupé; la panse est ornée de feuilles saillantes, alternées par des parties unies, d'une belle patine et entièrement incrustées d'argent.

26 — Grande figurine. Bonze debout sur un rocher : il tient une bouteille et un éventail.

27 — Petit brazero à anses élevées, très-belle patine aventurine.

28 — Petite jardinière entourée d'accessoires et d'ornements en relief et dorés sur fond vanné; anses élevées à oreillons, pieds de forme cylindrique.

Jades

29 — Vase hanap en jade blanc, très-richement décoré d'ornements sculptés en relief; anse évidée à jour; sur la panse, trois têtes de tigres dont l'une soutient un anneau mobile.

30 — Belle coupe en jade blanc; le couvercle, à bouton, entouré de quatre sceptres détachés à jour soutenant des anneaux mobiles; le bord de la coupe offre une bande de raies-de-cœur.

31 — Grand vase forme balustre en jade blanc; autour de la panse et du col sont deux frises sculptées représentant un entrelac de rinceaux; anses à sceptres à jour retenant des anneaux mobilés.

32 — Grande coupe ronde et basse, en jade blanc laiteux.

33 — Deux petits porte-bouquets de forme cylindrique reliés entre eux par deux sceptres sculptés à jour et aussi par un pélican aux ailes déployées.

34 — Jolie coupe à couvercle ayant une frise sculptée à jour; la panse est décorée d'une ceinture emblématique, les anses détachées sont formées par des crosses élevées.

35 — Grand porte-bouquet en jade vert d'eau ayant quelques parties couleur feuille morte; il offre un tronc de bambou creusé entouré de branches en relief et de feuillages.

36 — Belle coupe de forme ronde en jade impérial, très-belle matière.

37 — Charmant porte-bouquet en jade blanc laiteux; il a la forme d'une feuille de nénuphar, entourée de tiges en relief et de feuilles; sur le bord sont incrustés des rubis et autres pierres précieuses.

38 — Grande tasse finement évidée, en jade blanc transparent zébré de parties vertes ayant l'aspect des plantes.

39 — Boîte ronde en jade vert, le couvercle orné d'une rosace gravée.

Cristaux de roche et Matières dures

40 — Très-grand vase en cristal de roche de forme balustre à quatre pans; le couvercle surmonté d'une chimère accroupie, anse à tête de lion. Ce vase repose sur un socle à volutes également en cristal de roche.

41 — Boîte à couvercle de forme carrée, la gorge à bandes arrondies, l'intérieur évidé à retrait.

42 — Figurine de la déesse Kouan-yin debout.

43 — Petite coupe en agate orientale ayant la forme d'une demi-pêche entourée de ses feuilles en relief.

44 — Autre coupe en agate orientale; anses formées par deux salamandres en ronde bosse.

Porcelaines de la Chine et du Japon

45 — Grande et belle jardinière de forme octogone, décorée en camaïeu bleu de six frises de palmettes et de grecques, et aussi de pivoines entourées de feuillages.

46 — Beau vase de la dynastie des Myngs, beau décor en émaux de couleurs représentant la rencontre de deux souverains chinois; autour du col, trois frises dont une avec paysages.

47 — Grand et beau vase, fond bleu tendre lavé, décoré en relief sous émail, de plusieurs personnages (Empereur et sa cour se rendant à une Pagode), et aussi de plusieurs frises à palmettes et de raies de cœur.

48 — Grande caisse à fleurs, formée de quatre plaques de porcelaine de l'époque de Kien-Long, ornées de fleurs émaillées sur fond bleu turquoise.

49 — Grande bouteille ou gourde à double panse, fond blanc sur lequel se détachent, en émaux de couleurs, des tiges de courges avec leurs feuilles et leurs fruits.

50 — Beau vase à grosse panse et col évasé, fond bleu turquoise finement craquelé, anses formées par des nuages.

51 — Jardinière de forme sphérique, beau décor camaïeu bleu à cartouches de fleurs, rinceaux et double ceintures de frises.

52 — Magnifique vase balustre, orné en relief et en émaux de couleurs sur fond bleu de cinq frises de fleurs, de fruits et de rinceaux ; anses à jour à chimères.

53 — Brûle-parfums à couvercle en coupole dominé par une tige de champignon, anses élevées à jour, décor de l'époque de Kien-Long, fond gros bleu avec bouquets de fleurs et rinceaux verts, anses à têtes chimériques.

54 — Beau vase cylindrique de l'époque des Myngs, fond rouge de cuivre encadrant des médaillons réservés en blanc avec oiseaux, fleurs émaillées et caractères chinois.

55 — Grande bouteille à panse sphérique et à col droit très-élevé ; très-belle pièce d'ancienne fabrication, décor en rouge de cuivre offrant des palmettes, des rosaces, des entrelacs et des frises ; beau spécimen.

56 — Deux jardinières semi-sphériques décorées à l'intérieur et à l'extérieur d'un fond émaillé bleu turquoise.

57 — Jardinière, anses élevées à S bel émail fond bleu lapis avec fleurs émaillée feuilles de bambou et frises de greques.

58 - Beau vase à grosse panse, magnifique émail bleu turquoise craquelé, anses à trompes d'éléphants.

59 — Vase cylindrique de l'époque des Myngs, beau décor émaillé représentant des jongleurs dans des paysages.

60 — Vase forme balustre, décor fond jaune impérial avec bouquets et palmettes bleues.

61 — Petit vase à quatre faces fond bleu turquoise craquelé, anses avec sceptres à jour, retenant des rubans.

62 — Magnifique vase de forme cylindrique, fond céladoné vert orné de rouge de cuivre, beau décor de dragons bleus et de médaillons représentant plusieurs divinités en buste.

63 — Grande bouteille à grosse panse, fond violet uni émaillé de bouquets de fleurs; anse à jour à chimères.

64 — Vase à fleurs, de forme cylindrique élevée, entouré en émaux de couleurs de personnages chinois en voyage, et d'autres prenant le thé, en haut et en bas, double frise de fleurs et de grecques.

65 — Fontaine avec pied attenant. Elle a la forme de la moitié d'un vase à panse renversée, fond rouge de cuivre émaillé de fleurs; sur le devant, grand médaillon rectangulaire sur lequel sont tracés des caractères chinois, le pied formant support, imite le laque noir.

66 — Deux jardinières carrées, formées par quatre plaques de porcelaine décorées en émaux de couleurs de fleurs et d'oiseaux.

67 — Grand vase ovoïde élevé, beau décor à pâqueretes en rouge de fer, sur lequel, en émail bleu, se détachent des fleurs et des papillons.

68 — Deux chimères accroupies faisant pendant, très bel émail flambé blanc vert et bleu.

69 — Vase cylindrique riche décor de bleu à deux tours, représentant une grande quantité de marguerites entourées de feuillages.

70 — Huit plaques de porcelaine formant deux jardinières, décorées de personnages émaillés en couleurs sur fond blanc.

71 — Vase très-bel émail bleu turquoise vermicellé de blanc.

72 — Vase forme balustre, fond rouge de fer, représentant

des flots dans lesquels se meuvent des dragons bleus; autour du col, double frise de grecques et de rinceaux.

73 — Grande jardinière représentant une corbeille formée par des tiges de bambou, entourées d'une ceinture en biscuit brun; émail fond bleu lavé.

74 — Jardinière de la dynastie des Myngs, le tour orné et émaillé de fleurs et d'animaux divers.

75 — Vase cylindrique fond vert d'eau céladoné, relevé en émaux de couleurs et en bleu de tiges et fleurs de pêcher, puis d'oiseaux dans les airs.

76 — Grand bol, beau décor émaillé représentant, autour, de nombreux jongleurs et des musiciens; dans l'intérieur, une frise et un écusson avec dragon.

77 — Beau vase cylindrique fond bleu perse avec médaillons blancs en réserve, offrant des bouquets de fleurs.

78 — Vase à grosse panse, fond biscuit brun av c réserve de frises et de rosaces émaillées en couleur.

79 — Beau vase de forme cylindrique ovoïde, émail fond bleu turquoise finement craquelé.

80 — Vase en Satzuma de forme balustre, très-riche décor de grands arbres, de paons, et de fleurs en émaux de couleurs avec rehauts d'or; anses à jour formées par deux salamandres.

81 — Jardinière à bord festonné, beau décor en émaux variés sur fond lilas lavé.

82 — Belle bouteille à col étranglé, décor en émail fond vert impérial mamelonné.

83 — Grande coupe de Satzuma, beau décor de personnages en rouge de cuivre à rehauts d'or.

84 — Petit vase de forme carrée, fond jaune finement craquelé, anses à mufles de lions.

85 — Grande coupe de forme évasée, décor fond vert avec bouquets de fleurs émaillées.

86 — Bouteille de forme dite gargoulette, ornée de trois ceintures en saillie, décor fond bleu turquoise finement craquelé.

87 — Grand bol de Satzuma, décor émaillé avec personnages japonais et bouquets de fleurs.

88 — Petite coupe basse à bord contourné ; l'intérieur émaillé vert avec ceinture de fleurs ; l'extérieur à fond rouge avec bouquets.

89 — Vase à grosse panse, décor de tiges de fleurs et de frises en émaux de couleurs sur fond blanc.

90 — Très-joli petit vase de forme balustre, belle qualité d'émaux, offrant des oiseaux perchés sur des branches, des fleurs et des frises de palmettes.

91 — Grand bol de Satzuma, beau décor émaillé représentant à l'intérieur une frise entourant un paysage et des marguerites sur fond vert.

92 — Deux petites coupes en porcelaine, décor fond bleu turquoise.

93 — Deux jardinières de forme ovoïde décorées en émaux de couleurs de personnages chinois dans des intérieurs, scènes de la vie privée.

94 — Deux petites coupes en porcelaine de Satzuma, ornées de personnages et de fleurs émaillées.

Objets divers

95 — Charmant petit meuble à tiroirs en ivoire laqué; sur les côtés, des pélicans sur des arbres; le devant avec petites portes recouvrant des tiroirs également laqués, monture en argent, support à jour en laque avanturiné.

96 — Beau meuble étagère en laque en relief offrant de paysages en or bruni et des fleurs de marguerites en or mat, le tout sur fond aventuriné. Elles portent les armoiries d'un prince japonnais. Cette pièce est un des plus beaux spécimens en ce genre.

97 — Table en palissandre, le dessus et les côtés formés par des plaques en émail cloisonné, riche décor de quadilles de tons divers sur fond turquoise.

98 — Très-beau cabinet à tiroirs en laque noir avec rehauts d'or à deux tons représentant des oiseaux dans des paysages, des rosaces et des armoiries.

99 — Un grand guéridon en bois de for, richement décoré d'incrustations en burgau, support à balustre terminé à la base par trois pieds.

100 — Boîte à bijoux, à compartiments et tiroirs, le dessus mobile, la partie antérieure se développant en deux van-

taux avec tiroirs attenants; pièce en bois de fer ornée sur toutes ses faces d'incrustations en burgau.

101 — Bonze assis : figurine en laque du Japon formant théière; il tient une bouteille formant le goulot.

www.ingramcontent.com/pod-product-compliance
Lightning Source LLC
LaVergne TN
LVHW021529140926
848035LV00047B/1275